APHORISMES
ET
PARABOLES

« Spiritualités vivantes »

TCHOUANG TSEU

APHORISMES ET PARABOLES

recueillis et
présentés par Marc de Smedt

Albin Michel

Albin Michel
▪ *Spiritualités* ▪

Collections dirigées
par Jean Mouttapa et Marc de Smedt

INTRODUCTION

« Celui qui se laisse dévorer par ses soucis se déséquilibre gravement. La crainte paralyse son action, son esprit plongé dans le doute semble flotter entre ciel et terre, partagé entre les émotions positives et négatives, entre les avantages à acquérir et les préjudices à subir. Tout cela se heurtant en lui crée une flamme dévorante qui détruit sa paix intérieure. L'esprit, clair comme la lune, ne résiste pas aux feux des passions qui font perdre tout contrôle et oublier le Tao, la voie juste. »

C'est moderne ? Oui.

Cela date du IIIe siècle avant J.-C. et c'est signé Tchouang Tseu.

Or j'ai toujours été frappé par le fait que si, en Occident, l'on connaissait bien ce sage taoïste pour sa fameuse formule : « Est-ce Tchouang Tseu qui rêve qu'il est un papillon ou le papillon qui rêve qu'il est Tchouang Tseu ? » on ne l'avait en fait que fort peu lu. Et on a beau aujourd'hui le trouver avec ses compères Lao Tseu et Lie Tseu dans la prestigieuse collection de la Pléiade [1], il reste peu connu. Ses textes paradoxaux, ses contes allégoriques, ses réflexions décapantes sur la vie et sur la mort, sa lucidité au vitriol, son amour circonspect des phénomènes et des créatures, son

1. In *Philosophes taoïstes*, admirablement préfacé par Etiemble, Gallimard.

ample sens du processus gigantesque et inconnu en œuvre dans le cosmos, sa méfiance aiguë à l'encontre de tout pouvoir, son humilité noble, enfin tous ces traits de caractère, qui dépeignent un homme au-delà du commun, et un être véritable en sa quête vécue, devraient pourtant nous le rendre proche. Raison pour laquelle j'ai réuni dans ce volume des phrases choisies dans ses œuvres complètes et qui éclairent sa pensée et la nôtre.

Je me suis servi pour cela des traductions parues en français et en anglais et ai créé ainsi ma propre mouture qui ne trahira pas plus le texte original que les autres : le sens y est, la voie du milieu s'y trouve respectée, et l'esprit du vieux maître, cet errant libre.

De plus, en cette fin de siècle où l'urgence éclate de la nécessité d'une conscience de la nature, lentement mais très sûrement assassinée, en ces décennies fatidiques où même l'espèce humaine se trouve radicalement menacée par sa propre folie suicidaire, par son absolu manque global de sagesse et, tout simplement, de bon sens, les aphorismes ici recueillis ont, certes dérisoire, mais réelle valeur d'exemple : ils sont loin de s'avérer inutiles car, suivant Tchouang Tseu : « Il faut savoir ce qui est inutile pour connaître ce qui est utile. Bien que la terre soit tellement vaste, ce qui est utile à l'homme c'est un endroit où poser ses pieds. »

Oui, il peut encore et toujours remettre notre tête à l'endroit, cet antique esprit authentique !

Tchouang Tseu se rattache à ce grand courant d'ermites qui, de siècle en siècle et en tous lieux, se retirent du monde de l'agitation pour retrouver un monde parallèle, où peut se faire l'osmose avec la nature vivante et le silence intérieur. Confucius, en ses *Entretiens*, les décrit comme « ceux qui se cachent » et s'évadent du monde. Pour le sage mandarin ces individualistes, par leur désir de maintenir leur pureté personnelle dans l'isolement, n'étaient que des égoïstes, destructeurs de la grande relation sociale. Les ermites des forêts, eux, raillaient Confucius de vouloir sauver ce monde qui est un « torrent en crue » : car quel orgueil que de vouloir changer le cours des choses ! Ils le dépeignaient ainsi : « l'homme qui sait qu'il ne peut réussir mais continue ses tentatives » (XIV, 41). Entre les aspirations prométhéennes, le besoin de structures établies, la quête du code parfait apte à réguler les rapports humains que poursuivait Confucius et le défi solitaire de ceux qui cherchaient à aller au bout d'eux-mêmes et du mystère existentiel, il n'y avait en fait nulle antinomie, sinon dans leur incompréhension mutuelle. La sagesse populaire ne s'y trompera pas, ni l'esprit de l'histoire qui nous donneront ces deux voies-là, ces deux approches en exemple. Et leur querelle éternelle, en illustration.

Certes, le *Meng Tseu* du philosophe Mencius (IVe siècle avant J.-C.) dresse de la philosophie de ces errants et d'un de leurs premiers représentants un constat sévère : « Le principe de Yang Tchou est : chacun pour soi. Même s'il avait pu être utile au monde entier en s'arrachant un seul de ses cheveux, il ne l'aurait pas fait » (VII, a, 26), tout en reconnaissant que ses paroles « remplissent le monde » (III, b, 9) de leur influence. Or, Yang Tchou, en sa retraite, défendait déjà, et tout simplement, la vie. Tchouang Tseu s'y est reconnu, qui cite souvent ce vieux maître dont le *Houai-nan-tseu,* texte du IIe siècle avant J.-C., dit : « Préserver la vie et maintenir ce qui est authentique en elle, ne pas permettre aux choses de nous entraîner dans des situations embarrassantes, c'est ce que Yang Tchou propose. » Et un autre texte de ce IIe siècle, le *Lu-che Tch'ouen ts'ieou,* dans un chapitre intitulé « De l'importance du soi », rapporte que ce sage préconisait que « notre vie est notre propriété et son utilité pour nous est très grande. Pour ce qui est de sa dignité, même l'honneur d'être empereur ne peut lui être comparé. Pour ce qui est de son importance, même la richesse que donne la possession du monde n'est pas à échanger contre elle. Pour ce qui est de sa sécurité, si nous la perdions une matinée, la perte serait sans retour. A ces trois points prennent garde ceux qui ont compris[1] ».

Ainsi se dégage là une philosophie centrée sur l'importance fondamentale de l'être, et se comprend mieux le sentiment retrouvé chez Lao Tseu[2] et Tchouang Tseu qui louent l'utilité de l'inutile et les bienfaits du non-agir. Position non exempte d'ambiguïté, qui trouve sa solution dans une vraie compréhension du travail de l'esprit en œuvre chez les premiers taoïstes et du but (sans but) de leur quête, fort bien illustrée par l'histoire suivante : Tchouang Tseu traversait les montagnes quand il vit un grand arbre couvert de feuillage. Un bûcheron se trouvait tout près, qui ne l'abattait pas. Tchouang Tseu lui en demanda la raison et l'autre répondit : « Il n'est utile à rien. » Tchouang Tseu alors dit : « Grâce à la vertu de ne pas avoir des qualités exceptionnelles, cet arbre réussit à accomplir son âge. »

Quand le maître (Tchouang Tseu) eut quitté les montagnes, il s'arrêta dans la maison d'un ami. L'ami, content, ordonna à ses serviteurs de tuer une oie et de la faire cuire. Le serviteur demanda : « L'une des oies sait caqueter. L'autre ne le sait pas. Laquelle faut-il tuer ? » Le maître dit : « Tue celle qui ne sait pas caqueter. » Le jour suivant, un disciple demanda à Tchouang Tseu : « Hier l'arbre dans les montagnes,

1. Pour ces citations et un complément d'information voir l'essentiel *Précis d'histoire de la philosophie chinoise,* de Fong Yeou-Lan préfacé par Paul Demiéville, réédité aux éd. Le Mail.

2. Voir le *Tao Te King* de Lao Tseu, aux éd. Albin Michel, coll. « Spiritualités vivantes », n° 43.

parce qu'il n'avait pas de qualités supérieures, réussissait à accomplir son âge. Mais, maintenant, l'oie de notre hôte, parce qu'elle n'a pas de qualités exceptionnelles, doit mourir. Quel est votre avis là-dessus ? »

Tchouang Tseu répondit en riant : « Ma position se situe entre le fait d'avoir des qualités exceptionnelles et le fait de ne pas en avoir. Néanmoins cette position n'est juste qu'en apparence ; en réalité elle ne l'est pas. C'est pourquoi ceux qui pratiquent cette méthode ne sont pas exempts de troubles. Mais si l'on avance avec le *Tao* et le *Tö* (la Voie et sa puissance spirituelle), il en sera autrement. Quiconque s'unit au *Tao* et au *Tö* est avec l'ancêtre des choses, utilisant les éléments comme éléments mais non pas utilisé par les éléments comme élément, celui-là qu'est-ce qui peut le troubler ? »

Avant lui, parlant des lois qui président aux constants changements des choses, Lao Tseu disait que « connaître les invariables s'appelle être éclairé ». Car générosité, acuité du jugement, vaste compréhension et liberté vraie en découlent.

Ici, le *tch'an,* qui deviendra le *zen,* et le taoïsme se rejoignent comme ils se rejoignaient lors de ces échanges verbaux, entre moines bouddhistes et lettrés du Tao, joutes appelées à l'époque du joli nom de *ts'ing t'au,* « conversations épurées » et qui se terminaient toujours en un silence souriant. Car si, comme d'habitude, religions et rites s'opposaient, accentuant différences et haines, les philosophes, eux, se reconnaissaient en leur langage de sagesse.

En fait que désiraient-ils, ces bavards amoureux de la quiétude et du non-dit ? Sculpter en eux l'absolu, façonner l'homme total.

Pour cela, atteindre une spontanéité et une ouverture de conscience fondées non plus sur l'ego mesquin du quotidien social mais sur un ego capable de se fondre en un sentiment plus vaste que celui du petit moi étriqué, un ressenti que l'on pourrait qualifier de panthéiste ou de cosmique et qui n'est en fait que vrai retour à la nature primordiale des choses et êtres : c'est ce sentiment même que traquent toutes les religions et pratiques chamaniques de l'extase et de l'instase. Etats qu'on a pu qualifier comme étant de « non-connaissance », car en effet, on n'y pense plus, ne rationalise plus, mais s'imbibe en toute acuité de conscience dans une sensation que Freud définirait d' « océanique », car on devient flux dans le flux des énergies, toutes portes de la perception ouvertes, avec un vide en soi qui est plein de l'univers entier et un silence qui bruit de l'âme même du monde. L'être vibre alors d'une vie et d'un amour proprement fraternel ou filial pour la création, au-delà de toutes contingences; il entre physiquement dans le métaphysique, la méta-co-naissance.

En fait les taoïstes souhaitaient déjà que nous, gens du commun, développions en nous cette vision périphérique, intuitive et globale, que le zen appelle *hishiryo,* cette pensée au-delà de la pensée, qui est à la fois reconquête d'un instinct primitif et puissant élan de l'esprit d'éveil et d'évolution, tous cerveaux, droite, gauche, frontal, reptilien... confondus dans l'action absolue d'être. Heidegger dans ses *Questions* (III) dit joliment que « tout ce qui est vrai et authentique n'arrive à maturité que si l'homme est disponible à l'appel du ciel le plus haut, mais demeure en même temps sous la protection de la terre qui porte et produit ». C'est cela même que les taoïstes voulaient signifier en parlant de l'union en soi de la terre et du ciel, du yin et du yang. Car s'ils sont hors de nous, terre et ciel sont aussi en nous de même que les gènes féminins et masculins figurent en chaque être humain. Et l'intérêt de tout cela réside dans le fait que nous ne sommes pas confrontés là à des données abstraites auxquelles on peut rêver ou sur lesquelles on peut spéculer, mais bien plutôt à des éléments concrets basés sur l'expérience vécue, pouvant amener compréhension active des choses et engagement dans un acte de vivre efficace, pratique.

Bien sûr, l'ambition, car c'en est une, des taoïstes s'avère elle aussi prométhéenne, puisqu'il ne s'agit pas moins que de passer de l'autre côté du miroir, de l'autre côté du champ des apparences. Mais ce désir spirituel s'enracine dans la simplicité d'une vie quotidienne menée en accord avec les rythmes de la nature. Et lorsqu'on pense à des formules telles que : « Je coupe du bois, je porte de l'eau » pour définir l'action d'une journée ou à cette réponse d'un maître zen à un élève qui lui demandait d'exprimer l'unique vérité et qui lui répondit : « Mange ta soupe, lave ton bol », on peut être d'accord avec Thomas Merton qui écrivit que « le zen éclaire Tchouang Tseu et que Tchouang Tseu éclaire le zen ».

Puissent ces notions, dans leur limpide simplicité, nous éclairer aussi et diffuser l'envie de développer un sacré sens du Tao en nous. Car non seulement notre existence, mais celle de l'espèce entière, y gagnerait puisque se découvre là un état qui sort du royaume de la contradiction et des antagonismes pour aller de l'avant, en intégrant toutes les données, qu'elles nous semblent négatives ou positives, de façon active, et ce afin de créer le pur mouvement de l'énergie vitale en œuvre. Là se trouve la fameuse alchimie taoïste, ce lieu de la métamorphose utile, en nous.

Evidemment, cela s'avère certainement plus difficile à vivre en société, dans ces villes « où les lois édictées par les hommes et coutumes inventées par eux nous obligent à nous comporter comme des démons » ainsi que le faisait remarquer, il y a quelques années, un vieux maître taoïste à John Blofeld, avant de lui enseigner des principes du yoga chinois. D'où l'intérêt essentiel de ces pratiques de yoga, ces techniques corporelles de méditation qui permettent à elles seules le renoncement. Mon maître Zen, Taïsen Deshimaru, homme du Tao s'il en fut, disait souvent[1] : « Ce n'est pas la peine de vouloir aller se réfugier dans la montagne, dans une grotte, loin de tout le monde. Dans le silence et l'immobilité de la posture de zazen, concentré sur l'assise, dos droit, et sur une respiration profonde, suivant le flux de l'expir long et de l'inspir naturel, laissant nos pensées passer comme des nuages dans le ciel de notre conscience, on devient la montagne, on est la grotte. » Et, ajouterais-je, on atteint, en effet, ce lieu paisible, cet œil du cyclone où, selon la formule du physicien Werner Heisenberg, « le monde nous apparaît (...) comme un tissu complexe d'événements, où les liaisons de tous genres alternent, se chevauchent ou se combinent, déterminant ainsi la texture de l'ensemble ».

On l'a assez dit, la vision des physiciens atomistes et celle des mystiques orientaux coïncident aujourd'hui : c'est en effet une même vision organique où la partie ne peut se dissocier du tout, où les échanges se font sans cesse en une connexion incessante de fluides énergétiques : rendre la cohérence globale des relations mutuelles détermine la structure d'ensemble. C'est la théorie du *bootstrap* pour laquelle « l'univers est un tissu dynamique d'événements interdépendants » (F. Capra), théorie qu'on peut comparer au *Li* chinois, ce *pattern* (structure) dynamique qui fait que « l'organisation cosmique est en réalité un grand modèle dans lequel sont inclus tous les modèles mineurs et les « lois » qu'on y découvre sont intrinsèques à tous les modèles » (Joseph Needham).

1. Sur mon expérience de dix années auprès de lui, voir *Le Rire du Tigre* et consulter tous ses ouvrages publiés dans la coll. « Spiritualités vivantes », aux éd. Albin Michel.

Loin d'être inerte ou statique, la matière est un événement, une danse animée dans son apparente immobilité, une vibration, un rythme : d'après la physique quantique, les structures moléculaires atomiques et nucléaires sont animées d'un incessant mouvement, ce qui rejoint cet adage taoïste qui dit que « c'est seulement lorsqu'il y a le repos en mouvement que peut apparaître le rythme spirituel qui pénètre le ciel et la terre ». Adage à double voie, triple sens, puisqu'on peut aussi bien y trouver :

— un résumé de l'état de matière apparemment solide mais composée de particules tourbillonnantes et de structures ondulatoires : une pierre bouge, vit ;

— le principe invisible de l'énergie animante que les Chinois appellent *Ch'i,* les Japonais *Ki,* et Bergson, ce philosophe à redécouvrir : force vitale ;

— ce moment de la méditation où le corps immobile, la pensée suspendue vibrent à l'unisson de l'univers en une interconnexion consciente, une osmose lucide, moment primordial et éternel où l'espace et le temps coïncident absolument et où le corps-objet que nous sommes emmagasine le maximum d'énergie dans sa masse suivant la célèbre équation $E = mc^2$. La partie fait alors totalement, car consciemment, partie du tout. On appelle ça un état mystique, c'est en fait un état naturel, même s'il est à tort méconnu.

Tout cela débouche sur une psychologie du Tao éminemment pratique : la folie ordinaire, la nôtre, comme la folie pathologique tiennent en la difficulté plus ou moins grande de discipliner son esprit, ce cheval fou. Les techniques de méditation, l'art de savoir contrôler le souffle permettent au contraire de retrouver le silence en soi. Et il est intéressant de constater que la drogue majeure, fléau de notre temps, l'héroïne, est un dérivé d'opiacé qui permet justement d'unifier, pour un temps bref, l'esprit (et le corps) en miettes. D'où le succès des cures de désintoxication à base de méditation au centre de Marmottan [1] qui permettent une réunification non plus artificielle mais naturelle et volontaire.

Cette psychologie du vide permet une radicale mue psychosomatique car elle donne la possibilité de retrouver à volonté cette expérience du Tao qui nous saisit en face d'un beau paysage, sur une plage ou un chemin de forêt, face à un étang à l'aube, ou au clair de lune, devant un moment artistique intense, musical, pictural ou autre, dans une cathédrale ou une chapelle ou une ruine, enfin en tous ces moments où l'intensité et la sauvage beauté de la vie nous saisissent, nous transportent dans le flux cosmique. C'est pour cela que, bien au-delà de toute pratique religieuse, je préconise depuis toutes ces dernières années la nécessité pour l'être de retrouver l'art de méditer [2].

Car, Henry Miller nous le rappelle [3], « nous avons tous fait l'expérience de ces instants d'oubli total où nous nous sentons comme des plantes, des animaux, des créatures des grands fonds ou des habitants des hauteurs célestes... je crois que dans de tels moments nous essayons de nous dire à nous-mêmes ce que nous savons depuis longtemps mais que nous avons toujours refusé d'admettre : que vivre et être mort ne font qu'un et que vivre un jour ou mille ans ne fait aucune différence ». Pour citer Jung, c'est là une façon de « fondre l'unicité de la conscience du présent avec le passé immémorial de la vie » [4].

J'ajouterai que la voie du Tao, comme celle du Zen,

1. Voir *Santana* (éd. Albin Michel, coll. « Spiritualités vivantes » n° 34) où l'auteur, Dominique Godreche, explique comment elle a appliqué son expérience de la méditation orientale aux cures de grands drogués.

2. Voir *Le Rire du Tigre* mais aussi *Techniques de méditation et pratiques d'éveil,* éd. Albin Michel.

3. *Big Sur,* éd. Buchet Chastel.

4. *Commentaires sur le Mystère de la Fleur d'Or,* éd. Albin Michel.

consiste justement à apprendre à tirer la substantifique moelle de l'instant, de chaque instant : c'est cela devenir l'homme parfait, un être en accord avec la création continue, libre comme l'air, tout en assumant sa carcasse et les multiples activités qui en découlent. Lors d'un colloque sur la peinture chinoise à l'abbaye de Senanque, en septembre 1985, le professeur François Cheng, lors d'exposés brillantissimes où paroles et silences alternaient pour former un tout chargé d'une fantastique énergie d'éveil, cita, entre autres, Chang Yen Yuan, qui vécut au IXe siècle, et exerça de par son œuvre écrite une influence déterminante sur la peinture chinoise :

« Le yin et le yang, par leur interaction, façonnent et cuisent toutes choses. Les dix mille phénomènes, en conséquence, s'agencent et se disposent. La transformation mystérieuse de la Création ne se révèle plus par la parole, cependant que la Nature poursuit son œuvre d'elle-même. Herbes et arbres manifestent leur splendeur sans rien devoir aux couleurs dérivées du jaspe et du cinabre. Nuages et neige flottent ou tourbillonnent ; leur blancheur ne doit rien au blanc de céruse. La montagne est naturellement turquoise sans faire appel au blanc du ciel ; de même que le phénix est iridescent sans avoir recours aux cinq couleurs. Aussi suffit-il au peintre d'user de tout le pouvoir de l'encre pour réaliser " l'idée " (ou " l'essence ") des cinq couleurs. En revanche, s'il s'attache servilement aux cinq couleurs, alors la figure des choses qu'il représente sera faussée.

En peinture on doit éviter le souci d'accomplir un travail trop appliqué et trop fin dans le dessin des formes et la notation des couleurs, comme de trop montrer sa technique et son adresse. C'est pourquoi il ne faut pas craindre l'inachevé, mais bien plutôt déplorer le trop achevé. Du moment qu'on sait qu'une chose est achevée, quel besoin y a-t-il de l'achever ? Car l'inachevé ne signifie pas forcément l'inaccompli ; le défaut de l'inaccompli réside justement dans le fait de ne pas reconnaître une chose suffisamment achevée...

Concernant la valeur des œuvres, il y a, occupant la place suprême, l'œuvre “ en soi ” (comme la Création elle-même). Puis vient l'œuvre divine. Au-dessus de l'œuvre divine, on trouve l'œuvre merveilleuse. A défaut d'être merveilleuse, une œuvre peut être raffinée, ou, d'un degré moindre encore, appliquée. L'œuvre “ en soi ” constitue donc le degré supérieur de la catégorie la plus haute. L'œuvre divine et l'œuvre merveilleuse, elles, constituent respectivement le degré médian et le degré inférieur de cette catégorie. Quant à l'œuvre raffinée et à l'œuvre appliquée, elles appartiennent à la catégorie médiane. J'ai établi ces cinq degrés pour embrasser les six canons et représenter tous les degrés d'excellence. » A l'intérieur de ces cinq degrés, on pourrait évidemment diviser à l'infini ! Car autant d'êtres, autant d'œuvres...

Appliqué au trait pictural se trouve là encore une autre façon d'exprimer la même idée : savoir retrouver l'essence qui sous-tend choses et êtres, mouvement et immobilité. Apprendre à coïncider avec le principe même de la vie. Et je laisserai Tchouang Tseu conclure ce bref exposé et en tirer la leçon : « L'univers est l'unité de tous les êtres. Si nous atteignons cette unité et nous identifions avec elle, les membres de notre corps ne nous seront pas plus que poussière et boue, tandis que la vie et la mort, la fin et le commencement ne différeront plus en rien de la succession du jour et de la nuit qui ne peut troubler notre paix intérieure. Combien moins devons-nous être troublés par le gain et la perte temporels, par la bonne ou la mauvaise fortune ! »

Après avoir dit cela, il me plaît de l'imaginer éclatant d'un rire d'enfant.

Marc de Smedt

APHORISMES

Une petite connaissance ne saurait se comparer
A une connaissance large.
Une courte vie n'est pas comparable
A une longue existence.
Comment peut-on savoir cela ?
Le champignon d'un matin ne connaît pas
L'alternance du jour et de la nuit.
La chrysalide ne connaît pas l'alternance
Du printemps et de l'automne.

N'allez pas demander l'opinion d'un aveugle
Sur une peinture,
N'invitez pas un sourd à un concert.
Mais l'aveuglement et la surdité ne sont pas
Seulement physiques.
Elles peuvent frapper l'esprit
Et j'ai peur que vous en soyez atteint.

Il n'y a rien d'objectif, il n'y a rien de subjectif...
L'objectif émane du subjectif,
Le subjectif de l'objectif.
Dans la vie existe la mort.
Dans la mort existe la vie.
Le possible peut devenir impossible.
L'impossible peut devenir possible.
Adopter l'affirmation amène à voir la négation.
Adopter la négation revient à éclairer l'affirmation.
Aussi le sage ne fait-il sienne aucune opinion
Et s'éveille au Tao...
Que l'autre et soi-même cessent de s'opposer
C'est là le pivot du Tao,
Qui s'applique à l'infinité des cas.

Comment juger de ce qui est possible ou impossible ?
Chaque chose a sa vérité.
Chaque chose a sa possibilité.
Seule la juste mesure permet de comprendre la réalité
Et d'accomplir l'unité du Tao.

S'attacher à ce qu'il y a de particulier
Dans une chose
En ignorant son universalité.
Oublier que toutes choses sont interdépendantes
Et se rejoignent, identiques, dans l'unité,
Cela décrit la situation du conte intitulé
« Trois dans le matin » :
Un éleveur de singes pensait que leur ration
Etait de trois noix chaque matin, quatre chaque soir.
Mais les singes en étaient furieux.
Alors il leur donna
Quatre noix chaque matin, trois chaque soir,
Et ils furent ravis.
C'est ainsi que le sage
Considère l'affirmation et la négation
En se conformant aux lois de la nature.

Tout le monde discute et émet
Des catégories de contraires.
J'aimerais entendre un discours
Qui n'entre dans aucune catégorie.
S'il existe un commencement du monde
Alors il existe un temps avant ce commencement
Et un temps avant ce temps d'avant.
Si l'existence existe,
Existe aussi la non-existence
Et un temps d'avant le néant.
Il n'y a rien de plus vaste sous le ciel
Que la pointe d'un épi automnal
Et une grande montagne
Est une petite chose face au firmament.
Rien n'est plus âgé qu'un enfant mort.

Le Tao ne se déclare pas tel.
Le discours parfait ne peut s'exprimer,
La grande charité ne se montre pas,
La vraie pureté ne se voit pas,
Le courage réel est sans cruauté,
Car le Tao qui brille n'est plus le Tao.

Le discours et l'écrit restent partiels,
La charité ostentatoire est fausse,
La pureté dévoilée se salit,
Le courage cruel n'atteint pas son but.
Car ces cinq-là sont comme un cercle
Qui se croit carré.
Savoir que le savoir peut ne pas savoir
Demeure le plus haut savoir...

Comment saurais-je si l'amour de la vie
N'est pas une illusion ? Comment saurais-je si celui qui
A peur de mourir
N'est pas comme un enfant qui a perdu son chemin
Et pleure, n'arrivant pas à retrouver sa maison ?
La dame Li, fille de l'officier de frontière Ai Feng,
Pleura jusqu'à ce que le bas de sa robe en soit mouillé
Lorsque le duc de Tsin l'emmena avec lui.
Mais lorsqu'elle eut atteint son palais,
Partagé sa couche et mangé plantureusement,
Elle regretta d'avoir pleuré ainsi.
Comment saurais-je si,
Mort on ne rit pas de l'attachement à la vie ?

Une fois, moi, Tchouang Tseu, je rêvai
Que j'étais un papillon voletant de-ci, de-là,
Butinant, satisfait de mon sort et ignorant
Mon état humain.
Brusquement je m'éveillai et me retrouvai,
Surpris d'être moi-même.
A présent je ne sais plus si je fus un homme
Rêvant d'être un papillon
Ou si je suis un papillon rêvant d'être un homme.
Entre le papillon et moi existe une différence :
C'est ce qu'on appelle la mutation constante.

Ma vie est limitée et le savoir illimité.
Vouloir atteindre l'illimité conduit à l'épuisement.
Qui aide les autres s'attire la renommée.
Qui ne s'occupe que de soi est disgracieux.
Seul celui qui suit la voie du milieu règle sa vie,
Remplit ses devoirs et atteint ses limites naturelles.

Admirant les gestes harmonieux de son boucher et le rythme musical de son couteau dans les carcasses qu'il dépeçait, le prince Mui loua l'habileté de son art. Le boucher lui répondit :

— Mon habileté vient du fait que je suis le Tao.

Au tout début de ma carrière je ne voyais que le bœuf. Après des années de pratique je ne considère plus l'animal entier et travaille en me laissant guider par mon esprit plutôt que par mes yeux.

Je m'accorde à la constitution naturelle de l'animal et le fil de mon couteau suit les interstices et s'engage dans les cavités. Je ne coupe ni muscles ni nerfs et encore moins les os. Un bon boucher change son couteau tous les ans parce qu'il tranche, un boucher ordinaire tous les mois parce qu'il hache. Moi, je me sers du même couteau depuis dix-neuf ans et bien qu'il ait découpé des milliers de bœufs, on dirait que son tranchant vient d'être aiguisé.

La finesse de la lame s'introduit dans les espaces des articulations et des fibres et je manie mon couteau avec aisance dans les espaces vides que j'élargis ainsi.

Je pose mon attention sur les difficultés particulières rencontrées à chaque fois, agis lentement, et les parties se séparent d'elles-mêmes, comme si j'émiettais une poignée de terre.

Alors je retire mon couteau, me relève, souffle et le range.

— Bien, dit le prince, les paroles de ce boucher m'apprennent l'art de diriger ma vie.

Lorsque Lao Tseu mourut, son disciple Chin Tsi dit, voyant des gens se lamenter autour du corps :
— Il ne faut pas entrer dans les entraves de la superstition et augmenter la somme des émotions humaines.
Le maître est venu parce que c'était son temps de naître ; il est parti parce que c'était son temps de mourir.
Pour ceux qui acceptent ainsi le phénomène de la vie et de la mort, et s'adaptent aux circonstances, tristesse et lamentations n'ont pas de sens.
Les Anciens disaient de celui qui venait de mourir que son attache venait d'être déliée, fil dans l'air.
Le combustible s'est consumé mais le feu peut être transmis et il est en fait impossible de le voir s'éteindre.

Confucius dit à Yen Mui :
— Le Tao en soi ne peut être scindé. Sinon il perd son unité. S'il perd son unité il devient incertain et cause ainsi un trouble dans l'esprit, trouble auquel on ne peut échapper.
En vérité les Anciens disaient qu'il fallait d'abord que l'homme s'affermisse et trouve le Tao en soi avant que de le trouver pour et dans les autres.
Avant d'être parvenu à réaliser cela, pourquoi s'exposer aux atteintes des autres ?
Car sinon, on risque que toute efficacité aboutisse au vain désir de la renommée et que toute sagesse se perde dans les disputes.

La méthode de la purification de l'esprit
Consiste en ceci :
D'abord, se concentrer.
Ne pas écouter par l'oreille mais par l'esprit.
Ne pas écouter par l'esprit mais par le souffle.
L'oreille écoute, l'esprit représente,
Seul le souffle se conforme à toute situation
Car il est vent vide.
Et le Tao chevauche le vide.
Le vide purifie l'esprit.
Dans le vide de l'esprit pénètre la lumière
Comme le paysage par la fenêtre d'une pièce vide.

Il est plus facile de ne laisser aucune trace
Que de marcher sans toucher le sol.

Se contenter de considérer les faits, être circonspect, éviter toute expression superflue de sentiment, et le risque rencontré dans une négociation demeurera faible. Car en tout rapport humain l'antagonisme se cache sous la cordialité apparente et peut croître, de même qu'en une fête les buveurs, calmes au début, s'excitent de plus en plus.

Il en est ainsi de toutes les affaires humaines.

La parole est comme le vent à la vague.

L'action menée peut être détournée de son but.

Par le vent, les vagues s'élèvent.

La colère accroît la divergence et s'ensuivent paroles inutiles et faux arguments qui attisent des passions qui, sans qu'on s'en aperçoive, font oublier le but.

Il ne faut pas vouloir forcer le résultat.

Tout excès dépasse la juste mesure.

Confucius rapporte que, lorsqu'il était en mission dans le pays de Tchou, il vit de jeunes cochons téter les mamelles d'une truie qui venait de mourir. Mais ils s'arrêtèrent rapidement et s'éloignèrent car leur mère ne les regardait plus et avait changé d'état. Ils avaient aimé en elle non son corps mais ce qui l'animait.

La mort et la vie, l'existence et la non-existence,
Le succès et l'échec, l'aisance et la pauvreté,
La vertu et le vice, la sagesse et l'ignorance,
La louange et le blâme, la soif et la faim,
Le chaud et le froid, se suivent,
Se transforment sans cesse et forment le destin.
De même, jours et nuits se succèdent
Sans qu'on puisse savoir depuis quand.
Mais tous ces événements ne doivent perturber
Ni le corps ni l'esprit :
Il suffit jour après jour de garder son calme,
De vivre en paix avec les autres,
De s'adapter aux circonstances et, ainsi,
De développer ses dons naturels.

Le Tao a ses lois et évidences.
Il est au-delà de l'action et de ses formes
Il peut se transmettre mais ne pas être reçu
Il peut être obtenu mais ne peut être vu
Il existe avant le ciel et la terre
Il est sa propre racine et celle de tous les temps.
Il engendre tout ce qui existe
Dieux et êtres.
Au-delà du zénith et du nadir
Il n'a ni hauteur ni profondeur
Il ne vieillit pas, il est sans durée.
Hsi Wei l'obtint et mit l'univers en ordre
Fu Hsi l'obtint et établit les principes éternels[1].
C'est par lui que le soleil et la lune se meuvent.

1. Que l'on retrouve dans les hexagrammes du *Yi King,* le Livre des Mutations.

Qui touche la quiétude, parachève.

Maître, de qui avez-vous appris le Tao ?
demanda Man Po à Mu Yu.
— De l'écriture
de la lecture
de l'éveil
de l'attention
du travail
du son
de l'inconnu
du vide
de l'infini sans commencement,
lui répondit-il.

L'homme spirituel l'est par rapport aux autres hommes
Mais il est l'égal du ciel.
Aussi est-il dit :
Humble au ciel, supérieur sur terre
Humble sur terre, supérieur au ciel.

Impassible face à toute perte,
Et face à tout changement,
On entre dans l'initial ciel pur.

La nature est telle qu'elle est :
les choses courbées n'ont pas besoin d'arc,
les choses droites n'ont pas besoin de lignes,
les choses rondes n'ont pas besoin de compas,
les choses rectangulaires n'ont pas besoin d'équerres,
les choses qui s'unissent n'ont pas besoin de colle,
les choses qui s'attachent n'ont pas besoin de cordes.
Toutes les choses naissent, spontanées,
Sans savoir d'où elles viennent
Ni comment elles sont produites
Et chacune possède des qualités intrinsèques.
Cela se passe ainsi, depuis des temps immémoriaux,
Dans l'état de la nature.

Ceux qui cultivent le Tao
Ne cultivent pas le devoir et la justice sociale
Mais développent d'abord leurs qualités propres.
Car celui qui voit les autres sans se voir lui-même,
Celui qui entend les autres sans s'entendre lui-même,
Perd la clarté de sa vision
Et devient quelqu'un d'autre
Que lui-même.

Un apprenti du voleur Tche lui demanda :
— La voie du Tao existe-t-elle chez nous ?
— Bien sûr, lui répondit-il.
Par la sagesse on trouve le magot.
Avec courage on s'y rend le premier.
Avec héroïsme on se retire le dernier.
Par la prudence
On a calculé si l'entreprise était possible ou non
Et avec justice on partage le butin.
Un grand voleur doit posséder ces cinq qualités.

Quand un homme se réjouit beaucoup,
Il gravite autour du pôle positif.
Quand un homme se désole beaucoup,
Il gravite autour du pôle négatif.
Sans équilibre entre le lumineux et l'obscur,
La succession des saisons,
L'harmonie entre le chaud et le froid,
Se trouvent perturbées.
L'être en souffre, perd son centre de gravité,
Dérègle ses humeurs et se trouve incapable
De mener à bien ses pensées et ses actions.
Ainsi le monde entier devient-il la proie
De l'hypocrisie et de l'instabilité.

Une vision trop raffinée débauche les couleurs
Une ouïe trop raffinée débauche les sons
Une charité trop raffinée pervertit la vertu
Une justice trop raffinée pervertit son principe
Un cérémonial trop raffiné perd son vrai objet
Une musique trop raffinée amène mollesse
Une sagesse trop raffinée développe
Des réactions mécaniques
Une perspicacité trop raffinée devient vicieuse.
Toutefois, lorsqu'on s'adapte
Aux conditions naturelles de l'existence,
Ces huit genres d'activités sont affaire personnelle.
Qu'on s'y livre ou non importe peu.
Mais si l'on ne se limite pas
A nos dispositions originelles,
Ces huit-là troublent l'entendement
Et jettent l'environnement dans la confusion
Car ils mettent l'être hors de sa propre nature.

Ts'ui Kiu demanda à Lao Tseu :
— Comment améliorer les êtres sans les gouverner ?
— Soyez attentif à ne pas troubler leurs esprits,
Répondit Lao Tseu.
Car l'esprit de l'être humain est ainsi fait
Qu'il se sent opprimé par toute pression
Et exalté par toute incitation.
Opprimé, il se sent emprisonné.
Exalté, il peut commettre des ravages.
Souplesse et gentillesse l'emportent
Sur la dureté et la violence
Qui gèlent comme la glace ou brûlent comme le feu.

La parfaite doctrine est aussi proche de l'être humain
Que l'ombre de la forme et que l'écho du son.
Appelez-la, elle répond, impartiale,
Prête à remplir son rôle d'aide.
Sans objet dans son mouvement, silencieuse,
Elle guide au but,
Libre d'aller et de venir dans l'éternité
A travers l'apparition et la disparition
Des phénomènes infinis.

Il faut accepter ce qui vient,
Tenir compte du peuple, si humble soit-il,
Exécuter sa tâche même sans surveillance,
Formuler des lois, même incomplètes,
Accomplir ses devoirs, même sans attraits,
Respecter autrui,
Développer l'amour pour les créatures,
Suivre les rites sans en être entravé,
Connaître la juste mesure d'une conscience élevée.

Adapter l'unité au changement, c'est là le Tao.

Qu'est-ce donc que le Tao ?
Il y a le Tao du ciel, il y a le Tao de l'homme.
Dans le non-agir qui s'impose, voilà le Tao du ciel.
Dans l'action et ses conséquences,
Voilà le Tao de l'homme.
Le Tao du ciel est fondamental.
Le Tao de l'homme est accessoire.
Il faut bien faire attention à cela.

Vaste, le Tao recouvre et supporte toutes choses
Et chaque homme devrait s'y accorder.
Pour le comprendre il faut vider son esprit,
Pratiquer le non-agir du ciel,
Et le sans-parole du silence.
Aimer les êtres et en prendre soin développe la bonté,
Considérer les différences avec égalité
Développe la largeur de vues.
Ne pas faire de distinctions
Prouve la largeur d'esprit.
Embrasser les contraires est richesse,
Accomplir la sagesse est force.
Qui suit le Tao s'adapte aux aléas de la vie
Car ne pas aller à l'encontre
Du mouvement naturel des choses
Mène à la perfection.
Celui qui réalise ces dix préceptes en lui,
Toute la création vient à lui.
Un tel homme enterre l'or dans les montagnes
Et jette les perles dans la mer.
Il ne se bat ni pour la puissance ni pour la renommée.
Il ne se réjouit pas d'un vieil âge,
Ni ne se plaint d'une mort prématurée.
Il ne trouve aucun plaisir dans le succès,
Ni aucun chagrin dans l'échec.

Même si un trône ou l'empire du monde lui échoit,
Il n'en tire ni avantage ni gloire personnelle.
Il sait que toutes choses reviennent à l'unité
Et que la vie et la mort
Sont des phases de la même existence.

Sans le Tao, la forme ne peut recevoir la vie.
Sans efficacité, la vie
Ne peut se revêtir d'intelligence.
Préserver sa forme, vivre sa vie,
Etablir ses qualités et réaliser le Tao,
N'est-ce pas là s'accomplir ?
Celui qui s'accomplit surgit spontanément,
Bouge sans préméditation,
Et les êtres suivent son sillage.
Il voit où tout est sombre.
Il entend où tout est silence.
Lui seul dans l'obscurité voit la lumière.
Lui seul dans le silence détecte l'harmonie.
Il peut plonger dans les profondeurs de la matière.
Il peut s'élever sur les hauteurs de l'esprit.
Et cela parce qu'il demeure
Dans la juste relation avec toutes choses.

Si la tranquillité de l'eau permet
De refléter ce qui se présente,
Que ne peut celle de l'esprit ?
Il est tranquille l'esprit du sage,
Miroir de l'univers et des êtres.

Qui veut acquérir des biens devient cupide.
Qui veut des honneurs est avide de tous les titres.
Qui veut le pouvoir a du mal à s'en séparer :
Il tremble en le possédant
Et se désole en l'abandonnant.
Ces hommes-là ne réfrènent pas leurs désirs
Et tombent sous les instruments du gouvernement :
Disgrâce, faveur, confiscation, dons, brimades,
Ordres, peines et condamnations se suivent
Jusqu'à la mort...
Aussi est-il dit :
Diriger les autres nécessite
De se rectifier d'abord soi-même.
Les portes de la libération ne s'ouvrent pas
Pour celui qui ne pratique pas ce précepte.

Si mâle et femelle appartiennent à la même espèce
Leur union se déroule suivant leurs genres.
La nature suit son cours,
Le destin ne s'altère pas,
Le temps ne peut arrêter de s'écouler,
Et on ne peut obstruer le Tao.
Une fois atteint le Tao
Il n'est rien qu'on ne puisse accomplir.
Sans lui,
Il n'est rien qu'on puisse accomplir.

Celui qui ne participe pas à l'universelle
Transformation
Comment pourrait-il transformer
Les autres hommes ?

Il est dit :
Le sage est quiétude.
Le calme lui assure l'équilibre,
Le détachement lui assure la liberté
Et écartent de lui
Angoisses, chagrins, influences pernicieuses.
Intègre, il maintient son esprit clair
Et, serein, il rayonne.

Se reformer soi-même est l'essentiel.
Ainsi peut-on parachever l'ultime bonheur :
Les Anciens estimaient heureux un tel être.
Aujourd'hui, on croit que le bonheur se trouve
Dans une fonction importante, une charge officielle.
Pourtant où est la nature de l'homme en cela ?
Ces dignités viennent à titre provisoire
On ne peut les éviter, ni les garder.
Il est inutile de s'exalter sur sa haute fonction,
Comme il est inutile de s'abaisser si l'on est pauvre.
Il suffit de garder son égalité d'humeur et ce,
Dans toutes les conditions, pour être heureux.
Mais aujourd'hui, avoir ou n'avoir pas de fonction
Est cause de vain souci.
Ainsi est-il dit :
Se laisser submerger par les affaires,
Laisser corrompre sa nature par les mots,
Revient à mettre tout sens dessus dessous
Et à marcher sur la tête.

Si l'on considère leurs différences :
Tous les êtres s'avèrent grands
Si l'on met en relief leur grandeur.
Tous les êtres s'avèrent petits
Si l'on met en relief leur petitesse.
Si l'on considère leur efficacité
Tous les êtres s'avèrent efficaces.
Tous les êtres s'avèrent inefficaces
Si l'on montre leur inefficacité.
De même, considérant leurs intentions,
Tous les êtres ont raison
Si l'on met en valeur leur point de vue
Et tous les êtres ont tort
Si l'on met en valeur leur déraison.

Une poutre peut briser un mur,
Mais ne peut réparer le trou ;
Chaque chose a sa spécificité.
De fameux courriers peuvent courir mille li en un jour,
Mais ne peuvent attraper le rat
Ainsi que le fait le chat ;
Chaque chose a sa capacité.
Un hibou peut attraper une puce la nuit
Ou voir un poil de cheveu
Mais le jour il ne peut voir même un monticule ;
Chaque chose possède ses propres aptitudes.
Il est dit ainsi :
Que celui qui décide du vrai,
Sans considérer le faux,
Qui parle d'ordre sans voir son corollaire,
Le désordre,
Ne comprend rien aux grands principes de l'univers
Ni aux réalités qui mènent les êtres.

Le Tao est sans fin et sans commencement.
Tout le reste meurt, vit,
Est régi par l'impermanence.
Tout change sans cesse de forme,
Le temps ne peut être retenu,
Et le corps se transforme dans ce temps-là.
La succession des états est infinie
Et chaque fin est suivie d'un nouveau commencement.
Le devoir de chacun prend corps
Dans les principes universels.
La vie des êtres humains
Peut se comparer à un cheval au galop,
Se modifiant à chaque instant du mouvement.
Alors, que faire ou ne pas faire ?
Suivre le flux des transformations.

Qui connaît le Tao
Comprend l'ordre de l'univers,
Sait peser les circonstances,
Discerner les dangers.
Sa discrimination le met à l'abri
Du feu, de l'eau, des bêtes féroces.
Son sang-froid lui fait percevoir
Les situations critiques ou saines.
Egal dans le bonheur comme dans le malheur
Attentif à ce qu'il refuse et à ce qu'il accepte
Rien ne peut l'atteindre.

— Qu'est-ce que l'ordre cosmique ?
Qu'est-ce que l'ordre humain ?
Demanda le seigneur du Fleuve.
Jo, de la mer du Nord, lui répondit :
— Le cheval et le bœuf ont quatre pieds,
Voilà l'ordre cosmique.
On passe une bride sur la tête du cheval,
Un anneau dans le museau du bœuf,
Voici l'ordre humain.

Voyager par mer et ne craindre
Ni serpents de mer ni dragons
Voilà le courage des pêcheurs.
Voyager sur terre et ne craindre
Ni tigres ni rhinocéros
Voilà le courage des chasseurs.
Lorsque les lames nues s'entrechoquent
Considérer que la mort est comme la vie
Voilà le courage des guerriers.
Savoir que l'échec a son destin
Que le succès a son heure
Et demeurer sans peur dans la catastrophe
Voilà le courage du sage.

Le roi de Ch'ou envoya deux émissaires à Tchouang Tseu pour lui proposer une charge de ministre.

Tchouang Tseu pêchait dans la rivière. Après les avoir écoutés, sans même relever sa ligne, il dit :

— J'ai entendu dire que les rois de Ch'ou gardent avec vénération, dans le temple de leurs ancêtres, la carapace d'une tortue sacrée qui serait morte il y a trois mille ans. D'après vous, cette tortue aurait-elle préféré être morte et vénérée ou vivante et traîner sa queue dans la boue ?

— Elle aurait préféré continuer à vivre et traîner sa queue dans la boue, répondirent les émissaires.

— Retournez-vous-en dit Tchouang Tseu. Moi aussi je préfère traîner ma queue dans la boue.

Un petit sac ne peut contenir un grand objet.
Une corde trop courte n'atteint pas le fond du puits.
Chaque chose a sa propre valeur.

Si l'enjeu d'une partie est fait de jetons
Tout joueur se sentira à l'aise.
Si l'enjeu est sa bourse ou sa ceinture
Il se sentira nerveux.
Si l'enjeu est d'or jaune
Il perdra tous ses moyens.
Son habileté est pourtant la même
Mais son trouble vient de la valeur de la mise.
Celui qui s'attache aux biens extérieurs
En son for intérieur, devient maladroit.

S’intérioriser sans exagération
S’extérioriser sans démesure
Savoir se tenir au juste milieu
Ce sont là trois éléments d’essor.

Chouai l'artisan traçait des cercles avec sa main
Aussi parfaits qu'avec le compas.
Ses doigts s'accommodaient naturellement
A la forme des choses qu'il élaborait
Sans qu'on ait l'impression qu'il fixe son attention.
Son habileté venait de la liberté
De son esprit qui se mêlait aux formes.

De bonnes chaussures font oublier les pieds.
Une bonne ceinture fait oublier les reins.
Oublier la distinction entre le pour et le contre
Permet à l'esprit de s'adapter parfaitement
Aux influences intérieures ou extérieures
En s'oubliant dans l'acte.

Un jour qu'il flânait dans une forêt de châtaigniers, Tchouang Tseu vit arriver un étrange oiseau venant du sud, avec des ailes de sept pieds de long et de gros yeux. L'oiseau effleura sa tête et se posa un peu plus loin.

Qu'est-ce que cet oiseau qui ne voit pas avec ses gros yeux et ne s'enfuit pas avec ses grandes ailes? se demanda-t-il. Il retroussa sa robe, arma son arbalète et se dirigea vers lui, prêt à tirer une flèche.

Il vit alors qu'une cigale jouissait d'un coin à l'ombre et avait tout oublié. Et il vit qu'une mante sur une feuille s'apprêtait à la saisir pour la dévorer et oubliait ainsi de veiller sur son propre corps. Et il comprit que l'oiseau bizarre avait fait de même pour s'emparer de ces proies-là.

Hélas! se dit Tchouang Tseu, les êtres se nuisent les uns aux autres et la perte suit le gain! Troublé, il rangea de côté son arbalète et s'en retourna. Alors, le garde de la forêt surgit derrière lui et l'accabla d'injures.

Tchouang Tseu s'enferma chez lui sans sortir pendant trois jours.

Son disciple Lin Chu lui demanda la raison d'un tel comportement.

— M'attachant à des formes extérieures, j'ai perdu ma véritable nature, répondit Tchouang Tseu. Qui regarde les eaux boueuses ne contemple pas les eaux claires. Mon maître m'a enseigné de ne pas oublier de suivre les coutumes des régions traversées. Or, en flânant dans la forêt aux châtaigniers j'ai oublié ma vraie nature, de même que la pie oublia sa propre nature en allant s'abattre près des insectes oublieux d'eux-mêmes. Le gardien me prit alors pour un maraudeur et me chassa à son tour. Tout cela m'a troublé. C'est tout.

Un fermier ne prêtait aucune attention ni aux rangs honorifiques ni aux honoraires afférents. Mais il élevait son bétail et ses bœufs étaient tous bien gras.

Le duc Meou, sans tenir compte de son humble condition, lui confia un ministère.

A dire vrai c'est pareil pour tous les êtres :
Ce qu'on trouve beau
Semble merveilleux et extraordinaire
Ce qu'on trouve laid semble nauséabond et corrompu.
La vérité est que, partout et toujours,
Ce qui semble nauséabond et corrompu
Se transforme en merveilles extraordinaires
Et ce qui semble merveilleux et extraordinaire
Se métamorphose en putréfaction nauséabonde.
Ainsi est-il dit :
Dans l'univers il n'existe qu'un seul souffle
Aussi le sage vénère-t-il l'unité de toutes choses.

L’univers est très beau
Mais il n’en parle pas.
Les quatre saisons se succèdent
Selon leurs lois
Mais elles n’en discutent pas.
La création entière se base
Sur des principes absolus
Qui demeurent informulés.

Si votre corps est semblable
A une branche d'arbre desséchée,
Si votre esprit est pareil
A de la cendre éteinte,
Comment pourriez-vous être atteint
Par une catastrophe ?

Tung Kuo Tsu demanda à Tchouang Tseu :
— Où se trouve ce que vous appelez Tao ?
— Il n'y a pas de lieu où il n'est pas.
— Indiquez-moi un de ces lieux ?
— Dans cette fourmi.
— Plus bas ?
— Dans ce brin d'herbe.
— Plus bas ?
— Dans ce bout de brique.
— Encore plus bas ?
— Dans cette raclure.
Tung Kuo Tsu se tut alors.
Et Tchouang Tseu lui dit :
— Vos questions ne touchent pas à l'essentiel.

Qui est au-dessus de toute colère
Ne sera plus jamais en colère
Car sa colère sortira de la non-colère
Qui est au-dessus de l'agitation humaine
Son action sort du non-agir.
Qui veut demeurer toujours calme
Règle sa respiration.
Qui cherche l'inspiration exacte
Suit son cœur.
Qui veut agir juste
N'agit que par nécessité.
Telle est la voie du sage.

Le petit garçon dit :
— Celui qui sait gouverner le monde
Doit être comme celui qui mène paître les chevaux.
Il en prend soin
Et écarte d'eux ce qui pourrait leur nuire.

Toute existence possède son absolu
Toute recherche, sa lumière
Toute communauté, son pivot
Tout commencement, son sens.
Qui le déchiffre paraît ne pas le comprendre.
Il est inutile d'interroger sur le fini ou l'infini.
Derrière les phénomènes qui changent
Existe le non-changement.
Pourquoi ne pas le consulter ?

L'étranger dit :
— La vérité se trouve dans la sincérité
Quiconque n'est pas sincère
Ne peut agir sur autrui...
Seule la vérité intérieure
Permet à l'esprit d'agir à l'extérieur ;
C'est là ce qui fait le prix de la vérité.
Son utilité consiste à mettre
Chaque chose à sa place.

Le métal et le bois
Punissent l'homme par l'extérieur.
Agitation et excès
Punissent l'homme par l'intérieur.
Seul l'être vrai
Echappe aux châtiments
Qui viennent de l'intérieur et de l'extérieur

De tous les instruments de mort
L'ambition
Est le plus meurtrier.

Confucius rendit visite à Lao Tseu. Celui-ci venait juste de laver ses cheveux et les séchait au soleil. Et on aurait dit que son corps, assis immobile, était comme mort. Confucius attendit quelque peu, puis s'approcha et dit : — Suis-je abusé par mes yeux ou en est-il bien ainsi ? Vous avez l'air d'un arbre mort et plus rien ne montrait en vous l'état du vivant.

— Je m'ébattais dans le non-né [1], répondit Lao Tseu.

— Que cela veut-il dire ? demanda Confucius.

— Mon esprit en est béant et je ne sais que dire. Ma bouche est muette et ne peut s'exprimer. Mais je vais essayer d'approcher la vérité :

Le parfait principe négatif (Yin) est majestueusement passif. Le parfait principe positif (Yang) est puissamment actif. L'un vient du ciel, l'autre de la terre. L'osmose entre les deux crée cette harmonie par laquelle toutes choses sont produites. Il y a peut-être une première cause mais l'on ne voit jamais sa forme qui emplit pourtant l'espace. Il y a la lumière, il y a l'obscurité. Les jours viennent et les mois s'écoulent. La création est sans cesse au travail. La vie vient de quelque part et la mort nous conduit quelque part. Début et fin se suivent sans cesse et nous ne savons quand cela finira. Si ce n'est pas là le résultat d'une première cause, qu'est-ce donc alors ?

1. A l'origine des êtres.

— Mais, dit Confucius, que veut dire : s'ébattre dans le non-né ?

— Parfaite bonté et parfaite quiétude. Celui qui atteint cela est un être humain parfait.

EXTRAITS DU CATALOGUE

Spiritualités vivantes / Poche

43. *Tao Te King, Le Livre de la Voie et de la Vertu,* Lao Tseu.
55. *Aphorismes,* Tchouang Tseu, présentés par Marc de Smedt.
63. *La Montagne vide, Anthologie de la poésie chinoise,* traduite et présentée par P. Carré et Z. Bianu.
73. *Ivre de Tao. Li Po, voyageur, poète et philosophe, en Chine, au VIIIe siècle,* Daniel Giraud.
120. *Le Taoïsme vivant,* John Blofeld, traduit par Jean Herbert.
134. *Méditation taoïste,* Isabelle Robinet.
149. *Traité du vide parfait,* Lie Tseu.
154. *La Religion des Chinois,* Marcel Granet. Préface de Georges Dumézil.
160. *L'Éveil subit* suivi de *Dialogues du Tch'an,* Houei-Hai.
172. *L'Esprit du ch'an, Aux sources chinoises du zen,* Taisen Deshimaru.
184. *La Rencontre du bouddhisme et de l'Occident,* Frédéric Lenoir.
187. *Le Rêve du papillon,* Tchouang Tseu.
188. *Entre source et nuage. Voix de poètes d'hier et d'aujourd'hui,* François Cheng.
193. *Comprendre le Tao,* Isabelle Robinet.
198. *Confucius,* Jean Levi.

Espaces libres

53. *La chronobiologie chinoise,* Gabriel Faubert et Pierre Crépon.
54. *Sentences et proverbes de la sagesse chinoise,* Bernard Ducourant.
73. *Thé et Tao. L'art chinois du thé,* John Blofeld, traduit par Josette Herbert.
118. *Le Rêve de Confucius,* Jean Levi.

Albin Michel Spiritualités / Grand format

Le Livre du Vide médian, François Cheng.
Le Tao au jour le jour, 365 méditations taoïstes, Deng Ming-Dao.
Dans les temples de la Chine. Histoire des cultes, vie des communautés, Vincent Gossaert.
La pensée chinoise, Marcel Granet.
La Civilisation chinoise, Marcel Granet, postface de Rémi Mathieu.
Yi Jing. Le livre des changements, Cyrille Javary et Pierre Faure.
Le Discours de la tortue. Découvrir la pensée chinoise au fil du Yi Jing, de Cyrille Javary.

L'Homme et ses symboles en médecine traditionnelle chinoise, Dr Jean-Marc Kespi.
Passagère du silence, Fabienne Verdier.

Les Carnets du calligraphe

Poésie chinoise, François Cheng, calligraphies de Fabienne Verdier.

Beaux livres

Le Miroir du calligraphe, Shan Sa.
L'Unique Trait de pinceau. Calligraphie, peinture et pensée chinoise, Fabienne Verdier, préfaces de Cyrille Javary et de Jacques Dars.

Autres collections

Sagesses et malices de la Chine ancienne, Lisa Bresner et Killoffer.
Sagesses et malices de Confucius, Maxence Fermine et Olivier Besson.
Paroles du Tao, Marc de Smedt.
Dictionnaire de la civilisation chinoise, collectif (Encyclopédia Universalis).

« *Spiritualités vivantes* »
Collection fondée par Jean Herbert

au format de poche

DERNIERS TITRES PARUS

150. *Les Illuminations de La Mecque*, d'IBN ARABÎ, traduction sous la direction de M. CHODKIEWICZ.
152. *Comme un éclair déchire la nuit*, du DALAÏ-LAMA.
153. *Jung et la question du sacré*, d'Y. TARDAN-MASQUELIER.
154. *La Religion des Chinois*, de M. GRANET. Préface de G. Dumézil.
155. *La Saveur du Zen. Poèmes et sermons d'Ikkyû et de ses disciples*, traduits et présentés par M. et M. SHIBATA. (Inédit)
156. *L'Étincelle de l'âme, Sermons I à XXX*, de Maître ECKHART, traduits et présentés par G. JARCZYK et P.-J. LABARRIÈRE. (Inédit)
157. *Poèmes mystiques*, de HALLAJ.
158. *Sagesses de la mort*, de Z. BIANU.
159. *Polir la lune et labourer les nuages*, de Maître DÔGEN, anthologie présentée par J. BROSSE. (Inédit)
160. *L'Éveil subit*, de HOUEI-HAI suivi de *Dialogues du Tch'an*, traduits et présentés par M. et M. SHIBATA.
161. *L'Imitation de Jésus-Christ*, traduit par P. CORNEILLE.
162. *Dieu au-delà de Dieu, Sermons XXXI à LX*, de Maître ECKHART, traduits et présentés par G. JARCZYK et P.-J. LABARRIÈRE. (Inédit)
163. *Zen et Occident*, de J. BROSSE.
164. *Dialogue sur le chemin initiatique*, de K. G. DÜRCKHEIM et A. GOETTMANN.
165. *Prendre soin de l'être*, de J.-Y. LELOUP.
167. *La Lumière du Satori selon l'enseignement de Taisen Deshimaru*, d'E. DE SMEDT.
168. *Job sur le chemin de la Lumière*, d'A. de SOUZENELLE.
169. *Le Chœur des prophètes. Enseignements soufis* du Cheikh 'Adda BENTOUNÈS.
170. *Guérir du malheur*, de L. BASSET.
171. *Le Pouvoir de pardonner*, de L. BASSET.
172. *L'Esprit du Ch'an, Aux sources chinoises du zen*, de T. DESHIMARU.

173. *Passerelles. Entretiens avec des scientifiques sur la nature de l'esprit,* du DALAÏ-LAMA.
174. *Le Recueil de la falaise verte. Kôans et poésies du zen*, traduit et présenté par M. et M. SHIBATA.
175. *L'Islam au féminin. La femme dans la spiritualité musulmane,* d'A. SCHIMMEL.
176. *Et ce néant était Dieu... Sermons LXI à XC,* de Maître ECKHART, traduits et présentés par G. JARCZYK et P.-J. LABARRIÈRE. (Inédit)
177. *L'Évangile de Marie,* de J.-Y. LELOUP.
178. *Le Féminin de l'Être. Pour en finir avec la côte d'Adam,* d'A. de SOUZENELLE.
179. *Dictionnaire des symboles musulmans. Rites, mystique et civilisation*, de M. CHEBEL.
180. *Etty Hillesum*, de P. LEBEAU.
181. *Bernard de Clairvaux*, de M.-M. DAVY.
182. *Les Maîtres Zen*, de J. BROSSE.
183. *Les Psaumes,* traduits et présentés par P. CALAME et F. LALOU.
184. *La Rencontre du bouddhisme et de l'Occident,* de F. LENOIR.
185. *Moïse,* de J. BLOT.
186. *Mahomet*, de S. STÉTIÉ.
187. *Le Rêve du papillon*, de TCHOUANG TSEU.
188. *Entre source et nuage*, de F. CHENG.
189. *Dietrich Bonhoeffer. Résistant et prophète d'un christianisme non religieux*, d'A. CORBIC.
190. *La Voie de la perfection*, de B. ELAHI.
191. *La Rose aux treize pétales*, d'A. STEINSALTZ.
192. *Le Vin mystique,* de S. STÉTIÉ.
193. *Comprendre le Tao*, d'I. ROBINET.
194. *Le Coran*, de J. BERQUE.
195. *Introduction au Talmud*, d'A. STEINSALTZ.
196. *Épictète et la sagesse stoïcienne*, de J.-J. DUHOT.
197. *La Spiritualité orthodoxe et la philocalie*, de P. DESEILLE.
198. *Confucius*, de J. LEVI.
199. *Teilhard de Chardin*, d'É. DE LA HÉRONNIÈRE.
200. *« Moi je ne juge personne ». L'Évangile au-delà de la morale*, de L. BASSET.
201. *L'Évangile de Philippe*, de J.-Y. LELOUP.
202. *Essais sur le bouddhisme zen*, de D. T. SUZUKI.
203. *Le Trésor du zen*, textes de Maître Dôgen commentés par T. DESHIMARU.

204. *La Prière en Islam*, d'E. DE VITRAY-MEYEROVITCH.
205. *Cabale et cabalistes*, de C. MOPSIK.
206. *Jacques, frère de Jésus*, de P.-A. BERNHEIM.
207. *Les Dits du Bouddha. Le Dhammapada.*
208. *À Bible ouverte. Le livre de la Genèse : de la Création à Caïn*, de J. EISENBERG et A. ABÉCASSIS.
209. *L'Enseignement de Mâ Ananda Moyî*, trad. par J. HERBERT.
210. *Tantra Yoga*, trad. et prés. par D. ODIER.
211. *La Joie imprenable*, de L. BASSET.
212. *Jésus, illustre et inconnu*, de J. PRIEUR et G. MORDILLAT.
213. *Enseignements sur l'amour*, de THICH NHAT HAHN.

Impression Bussière en décembre 2004
Editions Albin Michel
22, rue Huyghens, 75014 Paris
www.albin-michel.fr

N° d'édition : 22992 – N° d'impression : 044704/1.
Dépôt légal : janvier 2005.
ISBN 2-226-15712-3
ISSN 0755-1835
Imprimé en France.